D'enfance et de braises

Chronique d'une œuvre éducative

- Compagnie Secouriste Sainte-Barbe -

EDITIONS PREMIERE PARTIE

La Compagnie Secouriste Sainte-Barbe

Fondée en 1999 par le père Marie-Angel Carré, ancien aumônier militaire de la Brigade de Sapeurs-Pompiers de Paris, aidé d'une équipe d'éducateurs et de sapeurs-pompiers. La Compagnie Secouriste Sainte-Barbe encourage de jeunes vocations de secouristes et de pompiers par un projet éducatif chrétien s'inspirant des valeurs éthiques des pompiers militaires.

Consacrer sa vie à porter secours à autrui relève en effet d'un appel particulier qui nécessite une préparation intégrant toutes les dimensions de la personne. Sur ce point, il y aurait bien des analogies à faire entre le pompier et le prêtre dans une société qui pourrait se confondre avec un immeuble en flammes ! Certains rentrent ainsi au séminaire comme ils proposeraient spontanément leur aide pour éteindre un incendie. Une même générosité, propre de la jeunesse, sous-tend ces vocations : sauver les corps, sauver les âmes, sauver la vie, quitte à en perdre la sienne.

Mais cette générosité doit s'incarner : elle ne compense bien évidemment pas le manque de connaissances techniques, et surtout elle doit supporter au quotidien le fardeau de souffrance que suppose le service d'autrui. Face à la tentation inévitable du découragement, le soldat du feu comme celui de Dieu doit garder à l'esprit en vue de quoi et pour qui il oeuvre. A l'instar d'un saint Dominique, il doit être porté par la compassion, seule garante de la fidélité dans l'engagement. C'est cette compassion qui conduit au libre don de soi, source de la joie véritable : la joie du libre engagement, douloureux et glorieux, pour l'amour d'autrui. Seule la spiritualité chrétienne, seul l'enseignement et l'exemple du Crucifié-Ressuscité peuvent nous introduire dans ce mystère insondable et nous en faire vivre au quotidien. Là est le coeur de la formation de la Compagnie. Comptant aujourd'hui 250 membres en 7 Compagnies réparties dans toute la France, celle-ci aura formé en quinze ans, près de 900 jeunes «dans la joie, le dépassement et le don de soi».

Aurait-elle pu mieux répondre à cet appel du concile Vatican II : «Il faut louer et encourager les chrétiens, les jeunes en particulier qui s'offrent spontanément pour porter secours» ? Sauver ou périr ; aimer ou mourir !

Monseigneur Dominique Rey
Evêque de Fréjus-Toulon,
accompagnateur de l'œuvre

Entrez dans la joie de mon Père !

Cela fait maintenant plus de 16 ans que la Compagnie Secouriste Sainte-Barbe a été fondée sur une intuition que je partageais avec deux jeunes garçons de 12 ans, Pierre et Mathieu. Avec Fabrice (devenu leader du groupe P.U.S.H), ils sont devenus les pivots fondateurs de l'Œuvre, très vite étayés par l'aide spirituelle des pères Jean-Dominique Leguay, Yann Vignon et Olivier Hoffer. Cet anniversaire "Triomphe dans le Christ" est un mémorial des merveilles et de la puissance de Dieu. Il explicite notre joie, il annonce notre foi, il scelle notre amour fraternel ! Sous la paternité de saint Jean Bosco et de sainte Barbe, c'est au cœur de l'Église que la soixantaine de laïcs (étudiants, couples et célibataires) engagée dans les apostolats de la Compagnie Sainte-Barbe œuvrent continuellement à *"évangéliser en éduquant et éduquer en évangélisant"*. Ils sont chefs moniteurs, chefs d'état major, commandants de compagnie ou de brigade, trésoriers, secrétaires, présidents et aumôniers... adultes entièrement engagés bénévolement au service de l'éducation chrétienne. Par grâce de Dieu, ils sont accompagnés depuis deux ans par d'anciens compagnons sainte Barbe devenus membre d'une nouvelle famille née pour sanctifier cette oeuvre : fraternité des apôtres de la vie (diocèse de Fréjus-Toulon).

99% des membres actifs viennent des rangs et sont arrivés à l'aube de leur adolescence dans l'œuvre. Tant qu'ils étaient petits, on leur a donné des racines, maintenant qu'ils sont grands, on leur donne des ailes. Ce qu'ils ont reçu gratuitement, ils le donnent gratuitement. Sachez que votre sourire devant ces pages photographiques sont leur seul salaire. Tout travail mérite salaire. Près d'un millier d'adolescents garçons ont été touchés par le "savoir faire" et le "savoir être" propres à la Compagnie, comment ne pas exulter de joie devant ce travail colossal ?

Notre Œuvre est consacrée au Sacré Cœur de Jésus et au Cœur Immaculé de Marie et c'est eux qui nous ont conduits... depuis les premières promesses spirituelles à Nogent le Rotrou à la Toussaint 2000, jusqu'à la prise d'habit religieux de frère Jean-Eudes l'été 2014. Nous travaillons pour que nos garçons deviennent des citoyens responsables et des enfants prophètes !

Cher compagnon, n'oublie jamais que *"le christianisme est la religion des visages"*. Nous sommes envoyés pour aider tant de jeunes qui crèvent de solitude.
Sois ambitieux pour Dieu.
Notre charisme c'est celui de secourir.
Notre devise c'est "Sauver ou Périr".
Notre vocation c'est "Aimer ou Mourir".
Sois béni et remercié pour ta confiance. En avant les Casques Rouges !

Frère Marie Angel
Fondateur et aumônier général

Ordre du jour n°1

Compagnons,

Forts de votre passé, il vous appartient maintenant de construire votre avenir et celui de cette famille nombreuse. Dans ce monde qui s'emballe dans de multiples directions sans trop savoir où il va, vous êtes un des plus beaux exemples d'espérance.
Ce sont les feuilles mortes qui sont emportées par le vent, persévérez et restez ces jeunes enracinés dans leur foi, leurs valeurs, en étant tourné vers votre prochain. Dans les temps à venir, vous serez des repères, des hommes sur lesquels on pourra compter et sur lesquels on pourra bâtir, selon la vocation de chacun, car le monde a besoin de leaders et non pas d'idoles.
Dans vos vies quotidiennes, gardez vos portes ouvertes à toute personne venant à votre rencontre, alors vous porterez beaucoup de fruits, soyez-en persuadés. Soyez fiers de ce que vous êtes, soyez fiers de vous tout en restant simples et humbles. L'altruisme est comme un muscle qu'il faut entretenir chaque jour.
Apprenez à servir dans la joie, l'espérance et l'amour, en vous dépassant et en étant ambitieux.

N'oubliez pas ceux qui vous accompagnent tout au long de votre chemin dans notre famille : vos chefs, vos aumôniers. C'est en partie avec eux que vous continuerez à découvrir vos propres richesses, à les partager et à les faire fructifier. Vos visages sont pour eux leur plus belle récompense et la représentation des fruits de leur travail.

Ce soir, certains d'entre vous vont prononcer leur promesse, d'autres la renouvelleront dans leur coeur. Soyez fidèles à vos engagements, ne les prenez jamais à la légère. La promesse est l'un des premiers que vous allez prendre. Pesez chaque mot de votre promesse. Dans ce monde de la "dictature du relativisme" dixit l'émérite Pape Benoit XVI, vous serez ce soir des témoins d'espérance, de joie et d'amour renouvelés et fortifiés.

Il y a quelques années, il nous a été dit : "Bientôt il vous suffira de dire « J'étais à la CSSB » pour que l'on réponde : « Voilà un brave »!".

Je vous souhaite un très bon « Triomphe dans le Christ »*.
Votre Triomphe dans le Christ !

CBR Vincent Personne
Président CSSB
le 27 Juillet 2014, anniversaire des 15 ans de la CSSB
fêtés à St Laurent sur Sèvres

“Éduquer à servir”

“Sauver ou Périr” : cette devise exigeante résume l’esprit d’humilité et d’abnégation qui façonne depuis plus de 200 ans les Sapeurs-Pompiers de Paris. En l’appliquant à la Compagnie Sainte-Barbe, le frère Marie-Angel, qui a servi dans nos rangs, rappelle ainsi à ses « compagnons » combien l’idéal du sapeur-pompier oblige à un engagement de chaque instant qui peut conduire jusqu’au sacrifice suprême pour son prochain.

Par sa belle œuvre d’éducation, il a su en outre donner un supplément d’âme à ces mots. Il propose en effet aux jeunes de les prémunir de l’individualisme, de l’égoïsme et de la facilité ambiante, en leur offrant une authentique aventure physique, mais aussi spirituelle, du service et du don de soi. Les sourires épanouis, les regards francs et les joies partagées jalonnant les pages de cet ouvrage témoignent de la réussite de ce projet audacieux débuté il y a 16 ans avec le soutien de la Brigade de Sapeurs-Pompiers de Paris. Ce pari d’associer l’idéal et les savoir-faire du sapeur-pompier à des éléments de la pédagogie du scoutisme a été pleinement gagné, et donne ainsi une noble et belle mission aux chefs de la Compagnie Sainte-Barbe : éduquer à servir.

Je tiens donc à féliciter les éducateurs de la CSSB pour les techniques de secourisme et de lutte contre l’incendie qu’ils enseignent aux jeunes avec le plus grand sérieux, forts de leurs compétences éprouvées, mais aussi pour l’idéal de vie qu’ils leur proposent.

Messieurs les Compagnons de la CSSB, vivez pleinement l’aventure, apprenez le goût de l’effort et de l’action : *“le bonheur ne vient pas à ceux qui l’attendent assis”,* comme le rappelait Lord Baden Powell.

Et, qui sait, peut-être un jour, à bientôt au sein de la Brigade de Sapeurs-Pompiers de Paris, pour mettre en pratique ces mots du général Casso, commandant la BSPP de 1963 à 1970 :

“Je ne veux connaître ni ta philosophie, ni ta religion ni ta tendance politique,
peu m’importe que tu sois jeunes ou vieux, riche ou pauvre, français ou étranger,
quand tu m’appelles j’accours.”

Général Gaëtan Poncelin de Raucourt
Commandant la Brigade de Sapeurs-Pompiers de Paris

Historique

L'histoire de la Compagnie Secouriste Sainte-Barbe devra donner à chaque futur apprenti sauveteur un regard de plénitude sur l'oeuvre accomplie de Dieu à travers trois grands sillons. Le premier, c'est l'audace de la **foi vécue en acte** des chefs moniteurs de la Compagnie (en particulier des co-fondateurs). Le deuxième c'est le **courage des compagnons** et leur capacité à continuer cette œuvre en la faisant leur ! Ensuite c'est la **confiance des parents** qui, en nous demandant une coopération éducative, font confiance à la grâce fondatrice reçue en Eglise, dans la Compagnie.

Cher compagnon, voici **l'histoire des briques primitives de notre mouvement.**

Tout commence en avril 1992 par une rencontre au Sacré Cœur de Montmartre. Le petit Pierre Racine (12 ans), JSP dans son centre de secours de Moissy Cramayel (77), ouvre son cœur à un adulte ancien pompier de Paris, et lui confie son désir d'être pompier.
Entré quelques mois plus tard au monastère des frères de saint Jean, le nouveau religieux restera lié à l'enfant par la prière et le courrier mensuel, harcelé par un projet de fondation d'une troupe de «scouts pompiers» dont le petit auteur signait par : *«ton parrain de prière»*. Un autre enfant, issu de l'assistance publique, Matthieu, devenu pupille du frère Marie Angel, s'accrochera à ce projet pour devenir, lui aussi, un premier de cordée.

Année 1995, l'apostolat genevois du frère verra éclore l'essai de la fusion du secourisme avec le scoutisme, aboutissant à plusieurs projets de formation avec la Brigade de Sapeurs-Pompiers de Paris (stage à Villeneuve saint Georges), convoi humanitaire en Pologne avec les Scouts de Cluses...

Juin 1998, le religieux est muté au prieuré des Frères de Saint Jean à Paris et retrouve ses deux jeunes compères. Providence des retrouvailles. Echange verbaux des trois compagnons aux journées portes ouvertes des pompiers de Paris. Un mot donné de Monseigneur Michel Dubost, l'évêque aux armées : *«Il se pourrait bien que ce projet soit de Dieu, lance la CSSB mais avec l'accord de l'aumônier des pompiers»*. L'association Saint Jean Education propose de devenir le panier en osier pour porter le trésor comme un renouveau... un temps ! La bénédiction des supérieurs souffle dans cette direction et le père de Gabory demande officiellement le lancement d'un camp «Saint Jean Education» en partenariat avec l'aumônerie de la Brigade de Sapeurs-Pompiers de Paris. C'était dans le RER en direction d'Ablon sur Seine. Le père Monni (BSPP) émondera et validera. Le «Brigade info» annoncera l'événement aux enfants de pompiers de Paris (Juin 1999).

12 Juillet 1999, l'intuition des deux enfants et du religieux s'incarne, c'est la fondation de la CSSB. Au total, deux frères de la Communauté Saint Jean, un couple dont un instituteur, six jeunes moniteurs dont 1 pompier de Paris (et trois futurs pompiers militaires)... et 16 adolescents co-fondateurs ! C'est au pays de Brocéliande, dans l'école Sainte-Thérèse de saint-Raoul, école que fréquenta le fondateur CSSB 20 ans auparavant, que commença l'œuvre. **«Altruisme-Efficience-Cohésion»**, le triangle du feu spirituel était posé ! Le camp fondateur ne ressemblait pas à un élevage de canards sauvages... qu'on se le dise !

Averti dès 1994 et plus qu'encourageant, le père Marie-Dominique Philippe souffla rapidement les braises en riant : *«...J'aime à vous voir au milieu de ces jeunes, ils ont besoin d'un père qui les aime comme un bon pasteur. Demeurez toujours pour eux l'Eglise*

Ecole Sainte-Thérèse à saint-Raoul (Coëtquidan), lieu de fondation de la CSSB

vivante et ardente. Il faudra aller plus loin et penser à un internat de jeunes secouristes en gardant toujours ce trépied **«travail-adoration-paternité»**.

Toussaint 1999, c'est la consécration de l'œuvre au Sacré-Cœur. Ce jour là, Dieu a entendu la prière du petit Joseph, 12 ans, lisant solennellement la prière à l'autel.

Toussaint 2000, Thomas, pompier volontaire, prononce la première promesse spirituelle de la Compagnie, puis Anselme, 14 ans, enfin 9 autres : ***«Sur mon honneur, Moi compagnon Thomas, je demande à recevoir toute la confiance de la Compagnie Sainte-Barbe et je donne la mienne. Devant Dieu et vous tous, je m'engage à servir mon prochain en le secourant en toutes circonstances. Je demande au Seigneur de me donner la force d'un vrai secouriste. Je promets fidélité à Dieu et à son Eglise et d'observer la loi de la CSSB».*** C'était au château saint-Jean de Nogent le Rotrou.

Inoubliable enfin, Vincent, ce compagnon hospitalisé à Necker pour raison très grave et qui, ne pouvant offrir que son sang, a dit au réveil de son intervention chirurgicale : *«Dis à tous mes compagnons de la CSSB que c'est pour eux que je souffre».*

Mars 2002, l'évêque aux Armées Françaises appelle le fondateur de la CSSB à prendre les fonctions d'aumônier de la Brigade de Sapeurs-Pompiers de Paris, mission acceptée par le modérateur de la Congrégation saint Jean en vue de favoriser l'œuvre de Sainte-Barbe.

En juillet 2003, le Diocèse aux Armées Françaises, par la voix de Monseigneur Patrick Legal, intègre l'oeuvre à sa pastorale familiale et désire, tout comme le grand chancelier de la Légion d'Honneur Douin, *«que l'œuvre s'étende partout en France»*. Par le labeur administratif de Julien Rollet (issu des rangs et président de la nouvelle association), la Compagnie s'affilie à laFédération des Amis de l'Aumônerie Catholique des Armées Françaises, terreau diocésain qui obligera la Compagnie, pendant dix ans, à une attention prioritaire aux enfants du personnel de la Défense. Cette même année, le père Jean-Dominique Leguay reçoit la mission avec Fabrice Kaspar (co-fondateur) de lancer à Marseille la 2e Compagnie Sainte-Barbe, dite **«la radieuse»**. Liées par des partenariats officiels avec la Brigade de Sapeurs-Pompiers de Paris (1ère Cie) et le Bataillon des Marins-Pompiers de Marseille (2e Cie), ces deux Compagnies connaîtront pendant quelques années le bonheur d'un soutien très professionnel : *«J'ai pu ainsi constater avec quel dynamisme et quelle rigueur sont formés vos cadets aux actes élémentaires du métier de sapeur-pompier»* (lettre du général Debarnot - BSPP 2001-2003). *«Vous pouvez être fiers de vous»* (Général de Courtis - zone de défense Paris).

En 2005, un jeune chef gribouille les statuts d'une Compagnie à part qui prendra une appellation à part, pour une mission à part. Vincent pense la Compagnie des Aînés, celle qui aura pour appel de soutenir les compagnies éducatives, de les appuyer, de les inspecter. Le chef Moniteur Vincent Personne devient le premier commandant de cette 5e Compagnie : **Compagnie de soutien et d'appui opérationnel.** Appelé responsable opérationnel national, il est secondé par des responsables opérationnels zonaux. Il tient sous son autorité plus de 50 jeunes adultes, tous étant passés par les rangs de la Compagnie, tous sauveteurs et secouristes dont certains sont titulaires de brevets de sauvetage aquatique ou de monitorat de secourisme. Plus de 80% d'entre eux sont diplômés «jeunesse et sport», titulaires du brevet d'aptitude aux fonctions d'animateur ou de directeur de camps.

La suite de la Compagnie n'est rien d'autre que le jeu du hasard , nom que Dieu emprunte pour voyager anonymement. Des adolescents venus de la région Nantaise, cueillis à la gare Montparnasse pour venir effectuer sur la neige Boulonnaise des tests de sélection auprès de la 1ère Compagnie devenue **«la Compagnie de France»** pour avoir transmis le suc de sa sève à toutes les autres !

Janvier 2006, Raphaël, Jérome, Hugues, Augustin (dit «Cul de poule») et Frédéric emporteront sous leurs bras musclés l'aumônier Vignon... mémorable journée de fondation de la 3e Compagnie sainte Barbe. 10 ans plus tard, cette Compagnie, victime de son succès, se coupera en deux pour accoucher de la 6e Compagnie Sainte-Barbe. Deux sœurs nantaises presque jumelles aux noms de **«la frondeuse»** et **«l'insolente»**.
Mathieu Desmaizière et Pierre Lunet fondent la 4e Compagnie de réserve, opérationnelle uniquement sur les camps d'été et formant des garçons dans l'impossibilité de se former toute l'année. Ce réservoir de vocations de sauveteurs, reconnaissable à ses casquettes rouges s'est vu attribuer par son commandant Steven Figuereido, issu de ses rangs, le nom de «**Compagnie des fraisiers»**.

Ayant rayonné sur les hauteurs du plateau de Satory à Versailles de part ses missions Armée de terre et Gendarmerie (GBGM et GIGN), le fondateur et aumônier de la Compagnie Sainte-Barbe (établie à Boulogne-Billancourt) comptera très vite dans ses rangs de nombreux enfants en provenance des Yvelines. C'est ce fait-là qui enfanta la 7e Compagnie Sainte-Barbe, sous la houlette de Pierre Chavanat. Fière de ses jogging près de la pièce d'eau de Versailles, elle ne tarda pas à recevoir son nom de baptême: **«la Royale».**

Lecteur, veux-tu savoir ce qu'est «être prophète» ? C'est avoir la nostalgie du futur, c'est faire mémoire du futur. Ainsi pour les dates de fondation des Compagnies à venir, il n'est pas possible d'en dire trop précisément. En revanche, le «bataillon» naissant sur Toulouse, apportant depuis quelques étés des accents de charme, risque de devenir un jour un pôle de l'œuvre. Pour le baptême de promotion, impossible de dire si Thibaut et la paire de jumeaux (Guillaume et Axel) feront des saucisses de ce pays un impact sur le nom.
Quant à la graine lyonnaise, sous la houlette de Grégoire, dit «chouchou» et de son duo de choc (Yves, dit «Nounours», et Philippe), il n'est pas sans dire que les choses risquent d'aller vite. Enfin, Toulon, ville de notre bien-aimé évêque Dominique Rey, attend son heure de fondation. Plus de 15 garçons, les doigts sur la couture du pantalon, le regard fixé sur la rade de Toulon, entonnent le chant des marins. Peut-être un jour son aumônier le père Hoffer lui criera : *«Debout la Compagnie des choux marins»* ?

La Compagnie n'est pas dévoilée totalement sans ses groupes spéciaux. Nés au fil des activités de l'intuition que certains ados doivent développer des dons et charismes plus spécifiques dans le domaine du sauvetage, les unités spéciales sont devenues des réservoirs de compétences uniques réservés à des jeunes retenus sur motivation, sélection et évaluation. Le **Groupe Mobile de Compagnie**, fondé sur l'intuition du compagnon Jean Bouvier (14 ans) et par le moniteur Adrien Bischoff (2002) a été restructuré en 2005 par le chef moniteur Vincent Personne : il intéresse le sauvetage dans la profondeur et la hauteur ainsi que des motifs d'intervention liés à des contextes hostiles (rixe/milieu carcéral/maîtrise de forcené). Le **Détachement d'Intervention en Milieu Aquatique,** qui doit son essor au chef d'Etat-Major Arnaud Congneter (2003), lui ne regarde prioritairement que les techniques de secourisme en contexte marin, eaux vives, lac... Il est commandé par un moniteur titulaire du BNSSA (sauvetage et sécurité aquatique). La **Cellule de Sauvetage en Protection Rapprochée** est la dernière-née des unités spéciales (2013), sous l'impulsion d'Henri de Roquefeuille et François-Pierre du Cluzel. Elle insuffle l'intelligence du sauvetage rapide et individualisé en contexte de protection d'une importante personnalité. Regroupant des techniques de planification d'itinéraire, de négociation, d'anticipation et défense préventive d'une haute

Jeunes Sapeurs Pompiers

Jeunes Sapeurs Pompiers

GOURSOLAS

personnalité, extraction et exfiltration de victime… elle pointe des caractères d'adolescents sportifs. Enfin, sur concept élaboré par le chef moniteur Thibaut Lunet, la CSSB est capable de structurer une **Section Logistique Opérationnelle** en un temps minimum pour des besoins opérationnels ou divers.

En 16 ans, ce sont plus de 950 adolescents touchés par ces Compagnies. 60 d'entre eux sont entrés dans des unités de secours professionnelles, ainsi que dans des réseaux associatifs de secours. Des centaines d'enfants et d'adolescents sont formés ponctuellement lors de démonstrations (forum des familles / Famillathlon / Scouts d'Europe / Scouts unitaires de France / Patronage salésien) qui ont eu accès à l'esprit Sainte-Barbe.
Ce sont aussi 950 adolescents touchés par la rencontre avec le Saint Esprit. 80 adolescents ont reçu le sacrement de confirmation, 8 adolescents ayant reçu le baptême, 7 sont entrés dans différents séminaires, dont certains pour la **Fraternité sacerdotale éducative (Apôtres de la Vie)** accompagnée par l'évêque de Fréjus-Toulon.

Notre Merci ne pourra jamais être à la hauteur de ce cadeau reçu.

Notre action de Grâce doit porter ceux de la CSSB qui sont déjà repartis vers le Père du ciel : Samuel (15 ans) ; Frédéric d'Artigues (président fondateur de Nantes), Bernard Marchand (moniteur subaquatique). Ne les oublions jamais dans nos liturgies, car ils sont de notre famille, et nous avons encore besoin d'eux dans notre œuvre d'évangélisation.

Des compagnons nous écrivent de loin avec nostalgie. Nombreux sont les témoignages d'anciens que la Compagnie a fortifiés pour en faire des éducateurs d'une trempe charismatique…Certains sont dans des unités spécialisées militaires où le courage n'est pas un vain mot. Aujourd'hui, ils sont mariés, pères de famille, séminaristes, religieux, sous-officiers d'Artillerie, sous-officiers Armée de l'air, officiers des Armes, officiers de Marine, chasseurs-alpins, médecins, psychiatres, militaires du rang / sous-officiers /officiers pompiers de Paris, pompiers civils, gendarmes, policier, instituteurs, responsables de cellules de crises, experts incendie, formateurs secouristes, banquiers, experts en histoire de l'Art, chocolatiers, comptables, manutentionnaires, étudiants, œnologues, juristes, avocats, mécaniciens, éducateurs, chefs d'entreprise, graphistes, directeurs de maison de retraite… et ils disent n'avoir pour souvenir fort que l'amitié fidèle, la bienveillance de leurs chefs et l'élan d'Amour pour Dieu, irradiant leur adolescence.
La Compagnie doit son histoire à la fidélité de bénévoles dont les visages restent gravés dans notre méditation: Marie-Paule et Gilbert Cadoret, mademoiselle Ferré-Michelat, Philippe et Véronique Congneter ; Seilla Aubert-Couturier ; Alain, Jérémie, Xavier, Nicolas et Nicolas, les familles Rastit et Sellier ; enfin remercions Vincent Personne pour les réformes administratives opérées avec vigueur depuis le 25 janvier 2014 (fête de la conversion de saint Paul), date à laquelle l'association s'est attachée à un autre terreau ecclésial.

Gardons dans nos prières nos séminaristes qui cheminent pour sanctifier un jour la vie de vos enfants à travers le sacerdoce, car *«le sacerdoce c'est guérir»* (pape émerite Benoit XVI). Quand les jeunes nous écrivent des années plus tard, ils disent que *«la CSSB a été un élément majeur à ma guérison»* (Jonathan) ou encore *«Mon psy m'a dit qu'il s'était passé quelque chose d'étonnant. J'ai retrouvé la joie, je crois que j'ai guéri grâce à l'amitié»* (lettre de François).

Que Dieu, qui est riche en miséricorde, nous conduise à relever tous les jeunes qui ont besoin de sens à leur vie.
«Faites en des hommes, faites en des chrétiens» (père Brottier)
«Notre secours est dans le Nom du Seigneur» (psaume 124)
Soyez bénis !

CBR Joseph Chomette, responsable opérationnel national
Frère Marie Angel, aumônier fondateur

Tradition militaire

1ère Compagnie fondatrice Boulogne-Billancourt - *Fort de Villeneuve Saint-Georges, Hiver 2002*

2e Cie - Marseille

3e Cie - Nantes

4e Cie de Réserve

5e Cie des Aînés

6e Cie - Nantes

7e Cie - Versailles

"Vous êtes rayonnants dans vos tenues. Je tiens à féliciter le père Marie-Angel et l'ensemble des adultes et des jeunes qui vous entourent par leur exemplarité, le souci qu'ils témoignent de votre épanouissement, la rigueur de l'instruction qu'ils vous dispensent mais, encore plus, de l'esprit et de la foi qui animent toute cette belle Compagnie."

Général Eric Bonnemaison, commandant la 9e BLBIMA
Ordre du jour n° 21.

15
CSSB

SAPEURS POMPIERS

Gare Routière
Europcar
Europcar
Europcar
CHOLET

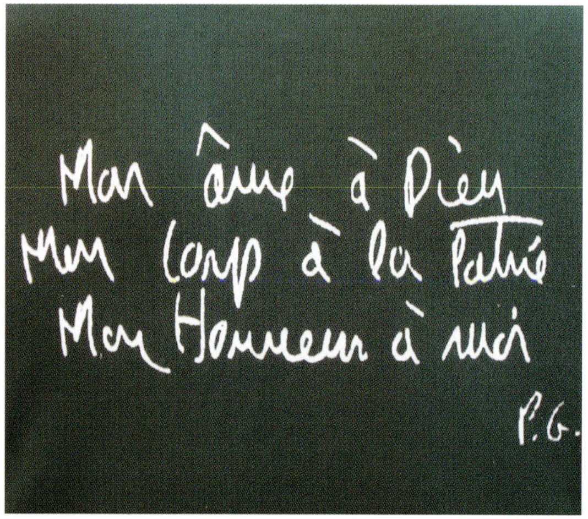
Mon âme à Dieu
Mon corps à la Patrie
Mon Honneur à moi
P.G.

"Ma mère tenait un bar devant le local de la CSSB. Un jour deux prêtres sont rentrés dans le bar pour prendre un café. Ils s'apprêtaient à partir pour un week-end. L'un des Pères m'a proposé de venir avec eux. J'avais rien à faire alors je suis parti à ce week-end, et là… j'ai vraiment appris à connaitre Dieu et à sortir de l'alcool, de la drogue, du vol et de la délinquance. C'est une totale conversion. J'ai reçu le baptême un an après."

Ruben, 14 ans, fils de gitan.

Secourisme

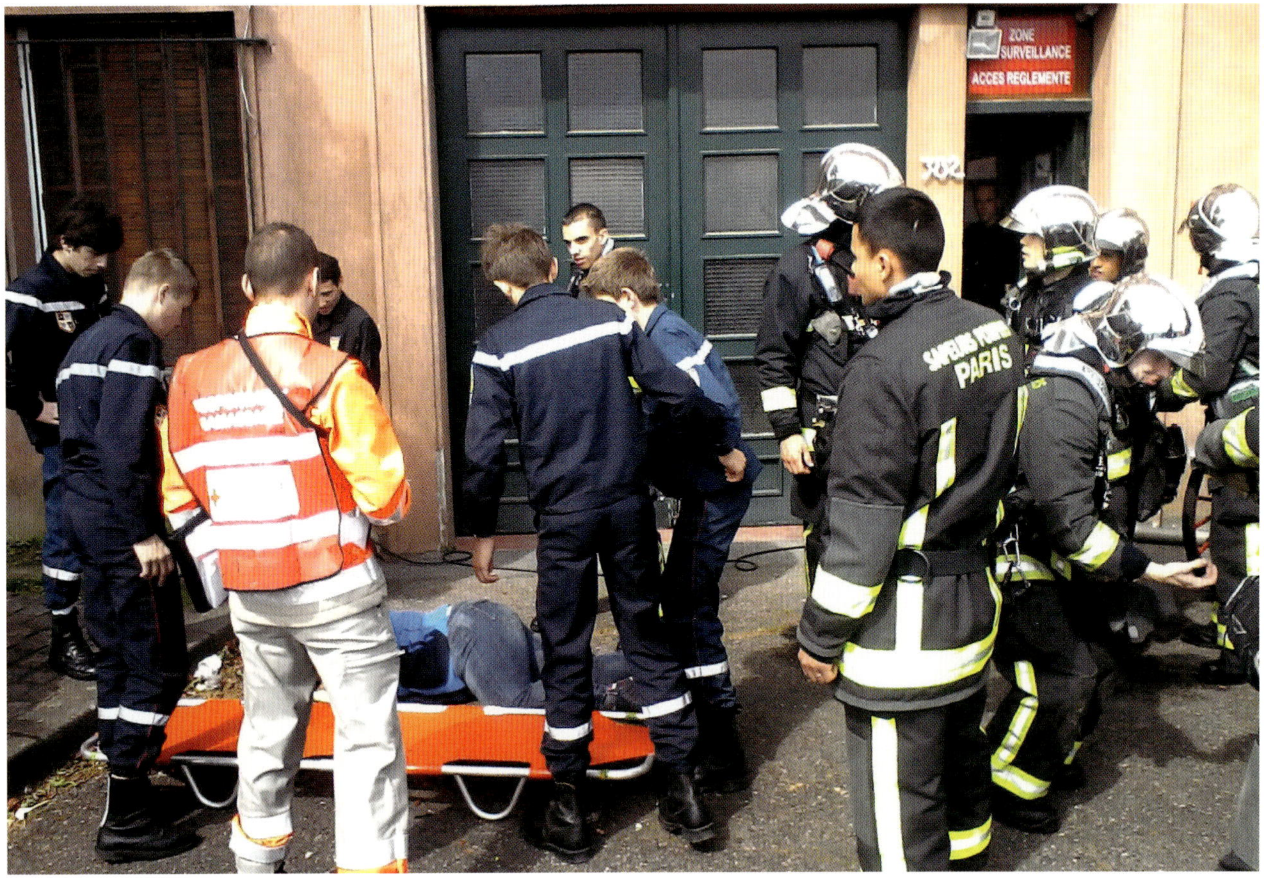

*"Soyez remercié de nous avoir invités à participer à cette magnifique cérémonie.
Nous avons assisté à des présentations remarquables en tous points. Nous avons été frappés par l'enthousiasme des jeunes compagnons, leur maîtrise technique et leur engagement responsable.
Quelle belle image de la CSSB !...
Merci de transmettre nos félicitations et remerciements à tous les compagnons.*

**Armand de Béjarry
(Secouristes Ordre de Malte - 44)**

SANICA
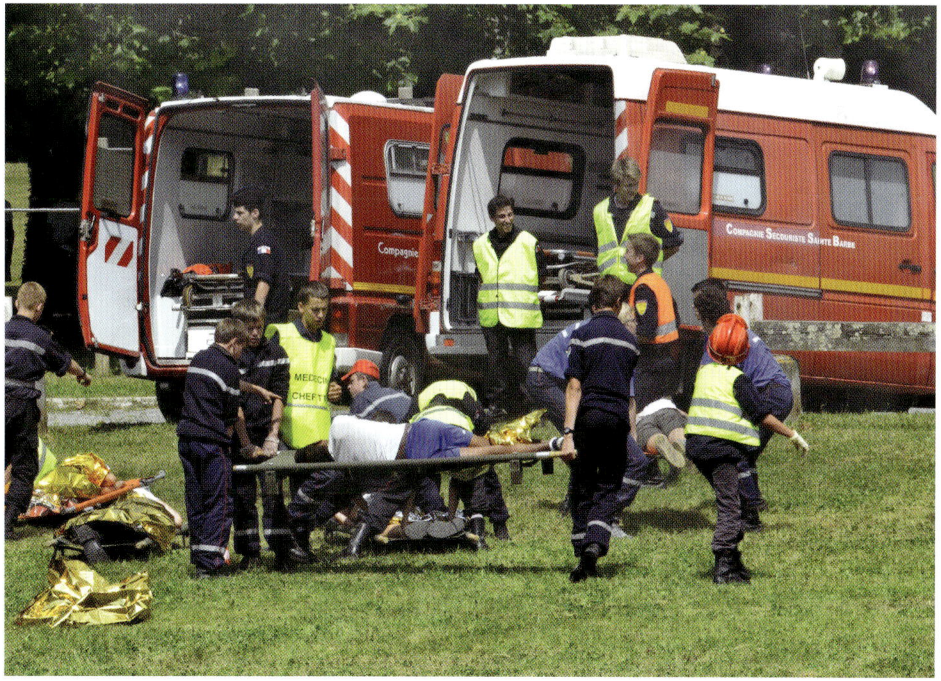

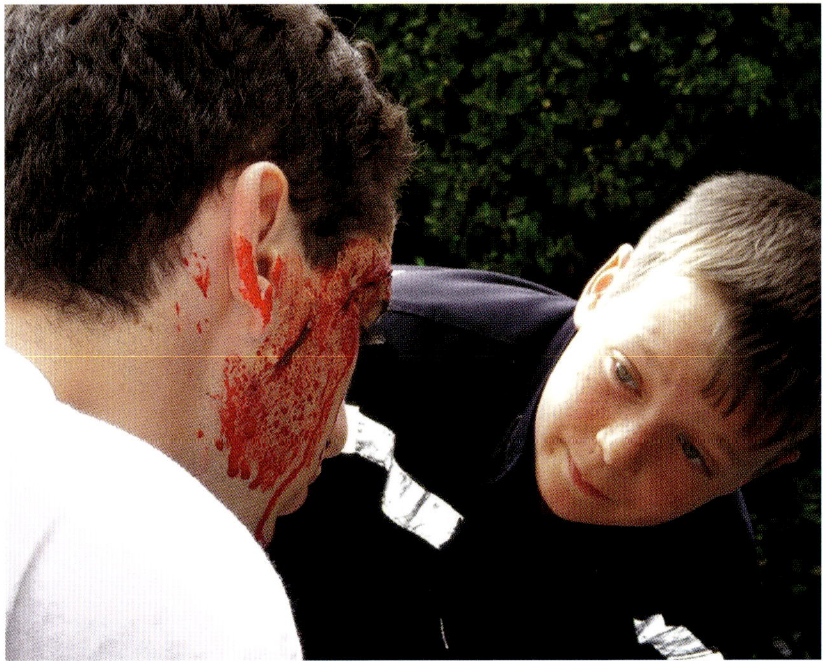

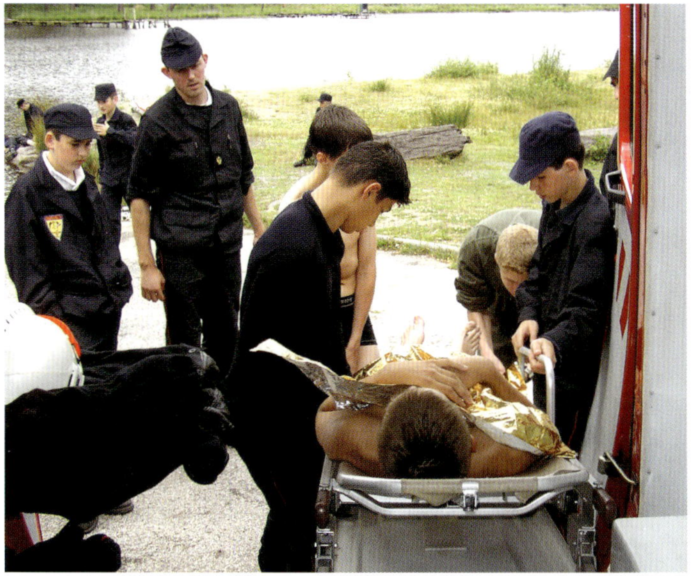

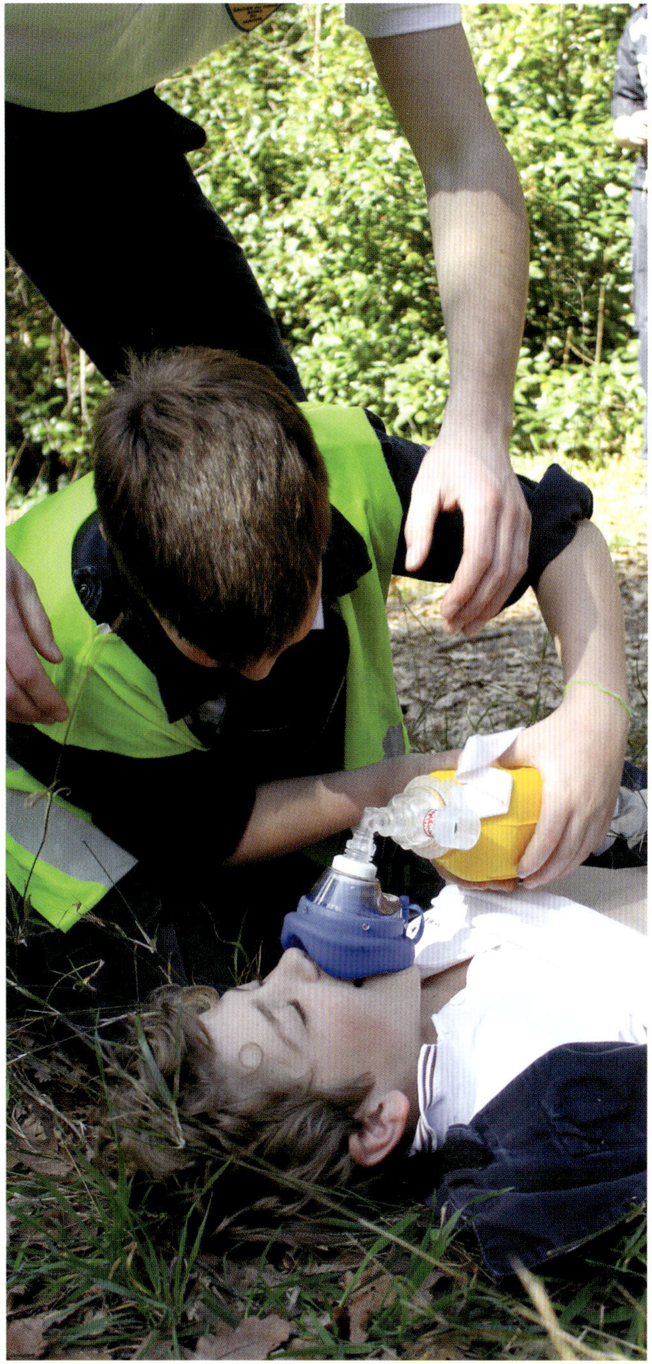
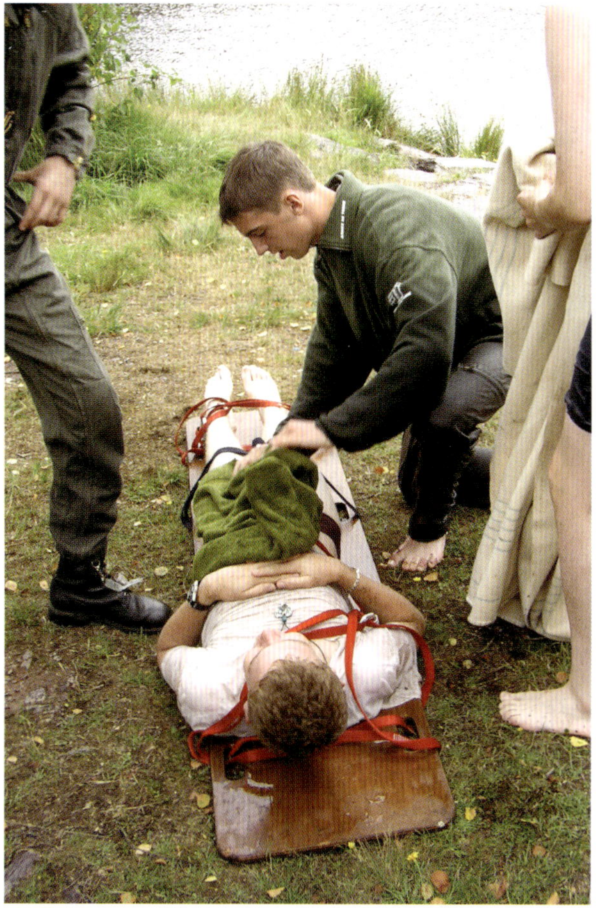

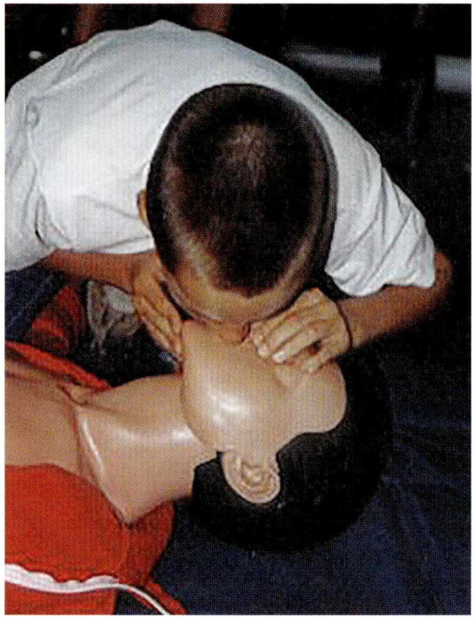

POMPIERS

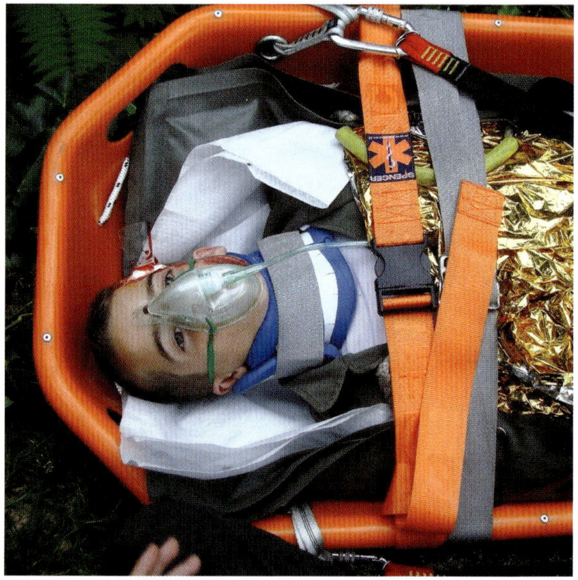

DIRECTEUR
SECOURS
MEDICAUX

CHRIST

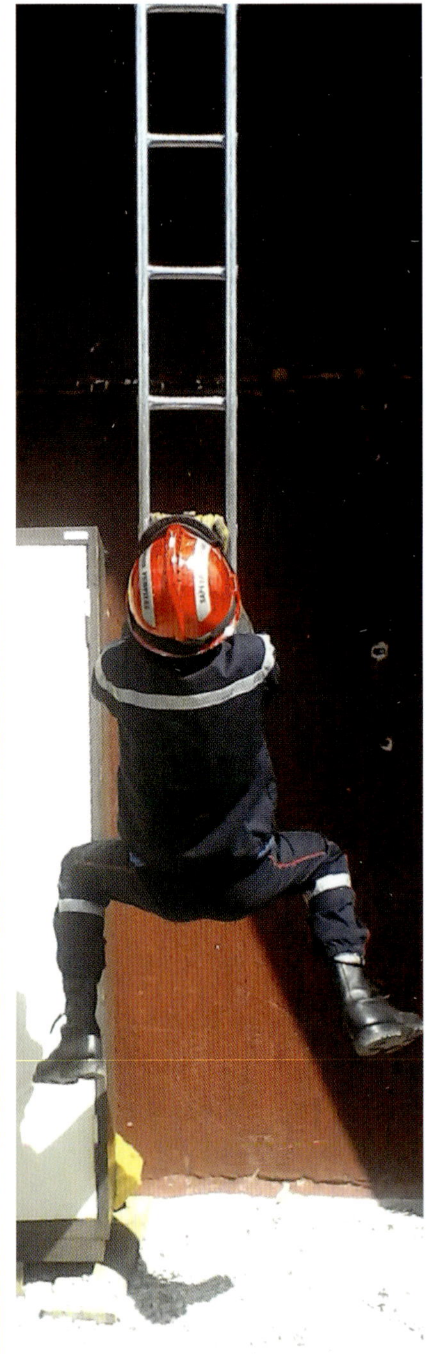

Jeunes Sapeurs Pompiers
Jeunes Sapeurs Pompiers

Incendie

SAPEURS POMPIERS

POMPIERS

SAPEURS
LAILLY

Jeunes Sapeurs Pompiers

"J'ai pu constater avec quel dynamisme et quelle rigueur sont formés vos cadets aux actes élémentaires du métier de sapeur-pompier."

Général Debarnot,
commandant Brigade de Sapeurs-Pompiers de Paris en 2002-2004.

"Ma première fugue a eu lieu à l'âge de 9 ans à Aulnay-sous-bois. Frigo vide à la maison parfois, affamés, livrés à nous-mêmes, dans l'insécurité et dans l'échec scolaire total. Un beau-père alcoolique nous a coulés, beau-père pédophile qui nous a touchés.
À 12 ans, les bagarres et les vols, shit et "pré-délinquance" sont devenus mon quotidien, alors on m'a placé dans une famille de l'assistance publique à Orléans. Elle m'a inscrit dans un camp d'été de pompiers chrétiens car j'étais passionné de pompiers : la CSSB !
C'est là que j'ai rencontré Dieu à la mi-juillet 2007. Durant les temps de prière, je pleurais beaucoup car le mal remontait en moi. J'ai choisi de continuer dans la foi suite à ce camp.
J'ai 21 ans et je viens de terminer une année chez les sapeurs sauveteurs. Je donne une année de discernement au Seigneur pour qu'il m'indique la suite de ma vie. Je le remercie pour la vie que j'ai eue."

Steven,
Ex-commandant 4e Compagnie Sainte-Barbe.

Sport & jeu

"Comment vous remercier pour votre action auprès des jeunes, vous leur donnez le courage et la structure du don de soi qui les marquera pour la vie. Je vous encourage à persévérer et à étendre à toute la France votre initiative."

Général Douin - Grand chancelier de la Légion d'Honneur

10

"A la fin du camp, le Nutella, ça me manque plus que mes parents !"
Marc, 13 ans

"La meilleur manière d'atteindre le bonheur est de le répandre autour de vous".
Baden Powell

PERLES RELEVÉES DANS LES INTERROS DE CANCRES (VOIRE DE CERTAINS FLÉAUX !)...

- Qu'est ce qu'une MGO ?
- une Méga Grosse Opération

- Qu'est ce qu'un EPI ?
- une évacuation pourrie imminente
- une épilation de postérieurs irrités
- un énorme pet imminent
- une épilation perpétuelle irrégulière

- Qu'est ce qu'une LDMR ?
- les deux monsieur rigolent !

- Quelle est l'année de création de la CSSB ?
- 1999, par Christophe Colomb

- Écrivez une blague...
- Quel est le comble de la CSSB ?
Avoir Personne comme Président !

"Ici c'est la vie de château, pourvu que ça dure !..."

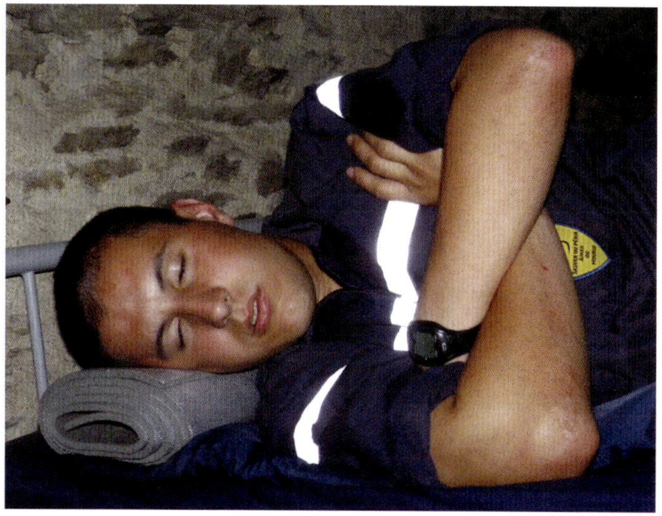

Groupes spéciaux

GMC

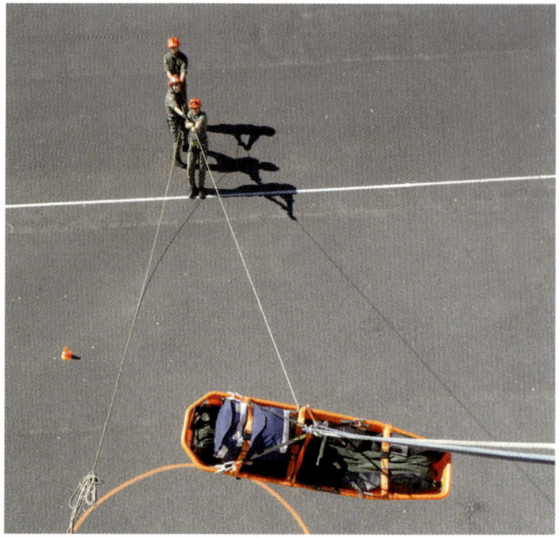

GMC

Cellule Sauvetage Protection Rapprochée - *Secours et protection des personnalités*

Détachement Intervention Milieu Aquatique - *Sauvetage eaux vives et lacs*

SEVYLOR
250

COMPAGNIE SECOURISTE

COMPAGNIE SECOURISTE
SAINTE BARBE

Vie spirituelle

Roland

Prière pour la France

“Seigneur Jésus,
Aie compassion de la France,
Daigne l’étreindre dans ton amour
Et lui en montrer toute la tendresse.
Fais que remplie d’amour pour toi,
Elle contribue à te faire aimer
De toutes les nations de la terre.
Ô amour de Jésus,
Nous prenons ici l’engagement
De te rester à jamais fidèles
Et de travailler d’un cœur ardent
À répandre ton règne
Dans tout l’univers.”

Marcel Van

"Au retour de mon garçon de ce camp secouriste, j'ai vécu un véritable bouleversement devant la transformation de "mon grand." Rarement, (...) il ne m'avait parlé avec autant de conviction et de liberté de sa foi. Ce camp a changé quelque chose entre nous, il a fortifié notre confiance mutuelle."

Mère d'un adolescent.

XBOX

P.U.S.H.

Fraternité des Apôtres de la Vie - *Prise d'habit frère Jean-Eudes*

"Je voulais vous remercier de tout ce que vous avez fait pour moi à la Compagnie Sainte-Barbe. Vous avez ouvert mon cœur comme jamais auparavant. J'ai enfin réalisé que Dieu est là à côté de moi. Je suis un homme nouveau. Bientôt ce sera à mon tour de donner Dieu aux autres. Je m'y prépare. »

Jean Eudes, séminariste.

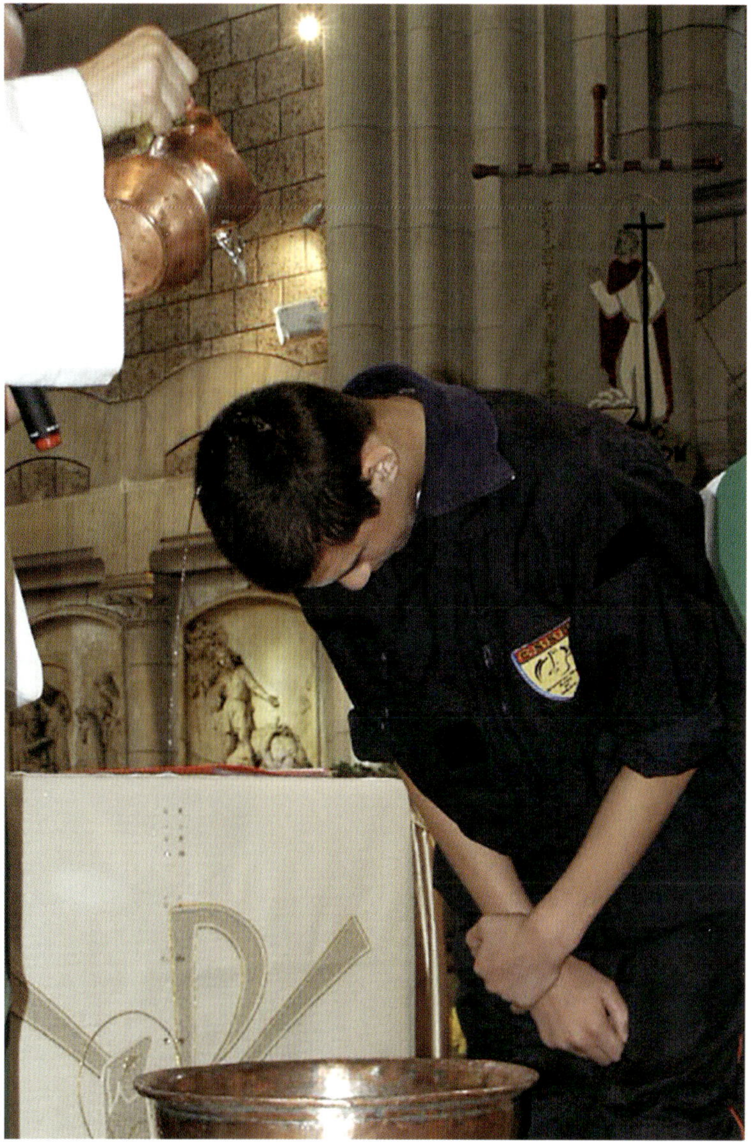

"Au cours de mon adolescence avec la Compagnie Sainte-Barbe, le Seigneur est venu en moi et m'a libéré et ressuscité. Je veux le chanter."

Ghislain, séminariste.

“Un nouveau style d’éducateur”

“Frère Marie-Angel,

Tu as tenu compte de ton stage à Faucon dans mon centre avec les loubards, mais tu avais déjà les gènes de l’éducateur et du prêtre que tu es. Pompier avec les jeunes, leur apprenant comment sauver des vies, c’est une grâce et un nouveau style d’éducateur !
Les jeunes qui, sans repère, peuvent retrouver avec toi et ton équipe une façon ardente et noble de vivre au service des autres. Les trois jeunes que mes éducateurs et moi t’avons envoyés pour un camp d’été sont revenus grandis.
Merci de les hausser au plus haut d’eux-mêmes. C’est la meilleure façon de les aider à se dépasser et à vivre heureux. Sois toi-même et tu leur diras Dieu !

Ton frère, Guy Gilbert

PS : Merci à toi de m’avoir permis de vivre 48h avec tes frères pompiers de Paris quand tu étais leur aumônier, j’y ai appris le beau métier de pompier... et les nuits courtes !”

“La peur, ce terme revient souvent lorsque l’adulte parle de cet étranger si proche de nous : l’adolescent ! Il suffit simplement d’entrevoir le parcours du combattant que rencontrent les collégiens de 3e pour trouver un stage en entreprise !

Le jeune n’appartient plus au monde idéalisé de l’enfance, il n’appartient pas encore aux belles promesses de la vie d’adulte, il erre dans un univers redouté, à la recherche de solides mains tendues ! La Compagnie Sainte Barbe lui offre une main d’espérance et de confiance en le prenant là où il est. Cette œuvre éducative inspirée de St Jean Bosco et de Ste Barbe offre des repères vécus dans la foi chrétienne, basés sur la générosité, et une éducation du jeune par le jeune au respect du plus faible. Faiblesse incarnée dans l’homme souffrant : la victime, cœur même de l’éthique des secouristes et des sapeurs-pompiers.”

Capitaine Julien Rollet, commandant la 22e Compagnie d’Incendie BSPP
Président fondateur de la CSSB

Ont commandé au grade de chef moniteur, de chef d'état-major ou de commandant de Brigade

la 1ère Compagnie de France

Frère Marie Angel Carré
Arnaud Congneter
Jean de Lépinau
Maximilien Ambroselli
Jean François Cuniasse
Guilain Fouché
Julien Jeancourt
Philippe de Vaucorbeil
Galdric Drapé-Frish

la 2e Compagnie «la Radieuse»

Fabrice Kaspar
Thomas Fouchet
Sébastien Dupoyet
Guillaume Rastit
Gautier Montguillon
Bertrand Rastit
Yves Gremaud
Aymeric Billot

la 3e Compagnie «la Frondeuse»

Raphaël Desjars
Jean Baptiste Cornet
Augustin Billot
Jean Théophane Cornet
Jean Baptiste Doizy
Paul Augustin Cagnon

la 4e Compagnie «des Fraisiers»

Matthieu Desmaizière
Pierre Lunet
Nicolas Martin
Jean Eudes de Chalain
Joseph Chomette
Guillaume de Balore
Steven Figueiredo
Epraïm Gibiot

la 5e CSAO «des Aînés»

Vincent Personne
Nicolas Martin
Joseph Chomette

La 6e Compagnie «l'Insolente»

Foucauld de Saint Seine
Pierre Nicolas Vichatzky

La 7e Compagnie «la Royale»

Pierre Chavanat
Stanislas Desjars
Louis Arnaud

La 1ère Brigade Sainte-Barbe

Pierre Chavanat

La 2e Brigade Sainte-Barbe

Jean Eudes de Chalain

le Groupe Mobile de Compagnie

Adrien Bischoff
Nicolas Escalle
Vincent Personne
Basile Gilbert - Louis Vianney Gibiot
Paul Henri Drouvin - Aymeric Billot

le Détachement Intervention Milieu Aquatique

Arnaud Congneter
Nicolas Doxin
Julien Jeancourt
Charles Beaussant

la Cellule Sauvetage Protection Rapprochée

Alexandre Ducret
assisté par Henry de Roquefeuil

Remerciements

Le comité tient à remercier, au nom de la Compagnie Secouriste Sainte-Barbe et des Apôtres de la Vie :

le père Marie-Dominique Philippe + ;
Mgr Dominique Rey, évêque de Fréjus-Toulon ; Mgr Patrick Legal, ancien évêque aux Armées ;
Mgr Jean-Paul James, évêque de Nantes ; Mgr Alain Castet, évêque de Luçon ; Monseigneur Robert Le Gall ; Cardinal Philippe Barbarin ;
la Fédération des Amis de l'Aumônerie Catholique des Armées françaises ;
le député-maire Pierre Christophe Baguet et la mairie de Boulogne-Billancourt ;

le Général Poncelin de Raucourt, commandant la Brigade de Sapeurs-Pompiers de Paris ;
le Général Eric Bonnemaison (c.r) ; le Général grand Chancelier de la Légion d'Honneur Douin ;
le Général Jacques Debarnot et le Général Michel Decourtis pour leur paternité envers la Compagnie Sainte-Barbe ;
le Commandant Maurin (ex-commandant de l'école du Bataillon des Marins-Pompiers de Marseille) ;
le Colonel Rémi Chassaing, commandant L'UIISC 1 ; les officiers, sous-officiers et militaires du rang qui nous ont aidés ;

les Anciens combattants du comité de Cholet ; la mairie de Cholet ; le lieutenant-colonel Christian Vadé (SDIS 95); le lieutenant Silvy ;
la société d'encouragement aux biens pour les décorations dont elle a honoré les fondateurs ;
les unités professionnelles de sécurité qui ont accueilli la CSSB, notamment la Brigade de Sapeurs-Pompiers de Paris,
le Bataillon des Marins-Pompiers de Marseille, l'Unité d'Instruction et d'Intervention de la Sécurité Civile n°1 ;
le 7e Bataillon de Chasseurs Alpins ; le Groupement Blindé de Gendarmerie Mobile ;
le Groupe d'Intervention de la Gendarmerie Nationale ; Greg et François, de la Force Intervention ; Matthieu, médecin-chef du RAID ;
la fondation des Orphelins Apprentis d'Auteuil ; l'Ordre de Malte France ;
l'association des Amis du Fort de Cormeilles en Parisis (Val d'Oise), particulièrement Jean-Pierre Mazier ;

Monsieur Lyonnel Mechkour ; Monsieur Charles André Roche ;
Marie-Paule et Gilbert Cadoret de l'école Sainte-Thérèse à Saint-Raoul ; Jean-Jacques et Dominique Seillier ;
le père Mahé, curé de Saint-Raoul ; le collège Saint-Gabriel de Saint-Laurent-sur-Sèvres ;
Mme Chalmin ; M. Kurzenne ; Jérémie Carré ; Alain Vaillant ; Xavier Dechamps ; Gilles Ruchaud ; Valérie Fenoll ; Mme Parjadis ;
Mlle Ferré-Michelat ; Mme Seilla Aubert-Couturier ; Véronique Congneter et tous ceux qui se sont donnés au service administratif.

Merci aux généreux donateurs.

Merci à ceux qui nous ont vilipendés, calomniés ou repoussés, ils nous ont appris la patience et le pardon.

Composition : Aliénor Atinault
Photographies : Jean-Dominique El Padre - CSSB - Croix-Rouge Française 94

Imprimé et façonné en UE par Print Team - Dépôt légal : 2e trimestre 2015
ISBN : 978-2-36526-103-6